铁路安全第一课

《铁路安全第一课》编委会◎编著

中国铁道出版社有限公司
CHINA RAILWAY PUBLISHING HOUSE CO., LTD.
北　京

图书在版编目（CIP）数据

铁路安全第一课 /《铁路安全第一课》编委会编著．
北京 ：中国铁道出版社有限公司，2025．4．-- ISBN
978-7-113-32281-6

Ⅰ．U298-49

中国国家版本馆 CIP 数据核字第 20254NG054 号

书　　名：铁路安全第一课
作　　者：《铁路安全第一课》编委会

责任编辑：卢　笛　　**电话：**（010）51873293
编辑助理：徐经纬
封面设计：郭瑾萱
责任校对：安海燕
责任印制：赵星辰

出版发行：中国铁道出版社有限公司（100054，北京市西城区右安门西街 8 号）
网　　址：https://www.tdpress.com
印　　制：北京盛通印刷股份有限公司
版　　次：2025 年 4 月第 1 版　2025 年 4 月第 1 次印刷
开　　本：787 mm×1092 mm　1/16　**印张：**4　**字数：**60 千
书　　号：ISBN 978-7-113-32281-6
定　　价：40.00 元

编委会

主　　编：叶礼凤

副 主 编：胡永奔　沈绍颂

参编人员：杨怀周　吴达军　许　剑　赵俊伟

张　邹　裴锦龙　杨　洁　敖　翔

潘文晖　李荣娇　许智扬　尹冰琦

卢韵霏

致最好的我们

亲爱的同学们：

大家好！

城市中，列车穿梭于楼宇高桥之间，高铁站吞吐着熙攘人群，钢铁动脉支撑着经济脉搏；田野间，绿皮火车掠过金黄的麦浪，钢轨蜿蜒在青山碧水间，将边陲村落与繁华都市织成一张网。从晨曦中的通勤动车到暮色里的货运列车，铁路承载着生机、梦想与乡愁，活跃在人们日常生活的每个角落。

截至2024年底，全国铁路营业里程达16.2万公里，其中高铁4.8万公里，我国高铁运营里程再创新纪录。一条条铁路相继开通，“八纵八横”高铁网加密形成。进入新时代，中国铁路路网规模和现代化水平实现大幅跃升——建成了世界最大的高速铁路网和先进的铁路网。对中小学生而言，铁路不仅是地理课本上的线条，更是生活中看得见、摸得着的“文明纽带”，承载着知识、安全与责任。

铁路是一本立体的教科书。课堂上，数学老师用动车组时速讲解速度与距离；物理老师以钢轨热胀冷缩解释材料科学；历史老师讲述詹天佑与京张铁路的传奇。走出校园，绿皮火车穿过油菜花田的画面是作文里的诗意，高铁呼啸而过的轰鸣是建设交通强国的回响。

铁路与我们的生活息息相关：清晨的牛奶通过冷藏列车送达早餐桌，远方的亲人乘高铁返乡与家人团聚，课本和文具经由货运专线运往学校。然而，钢轨边玩耍、向列车投掷石子、破坏防护网等行为，却可能让温馨瞬间变为悲剧。爱路护路，从一节钢轨、一个道钉开始。珍视每一条通向未来的轨道，行动可以很“小”，意义却重大。

2020年，铁路护路联防工作纳入平安中国建设整体规划，“5·26我爱路”主题宣传教育作为全国性铁路护路宣传活动，为扎实推进平安铁路建设作出积极贡献。铁路沿线安全环境治理不是一朝一夕就能完成的，需要久久为功才能实现长治久安。

近年来，江西省护路办、福建省护路办在铁路沿线组织开展铁路安全进校园活动，通过发放宣传资料、开展爱路护路手抄报评比、制作铁路安全知识视频、组织现场体验教育活动等形式，引导同学们积极参与到爱路护路行动中来，争做“铁路护路小卫士”，为江西省、福建省铁路沿线安全稳定筑牢校园防线。

铁路是眺望世界的窗口。世界最快高铁列车CR450动车组用时速450公里诠释着“中国速度”；青藏铁路的冻土技术激发了科学梦想；中欧班列的汽笛声传递着“一带一路”的胸怀……当孩子们用纸板制作火车模型、用积木搭建车站，铁路已不仅是交通线，更是培养想象力与责任感的重要途径。愿每个孩子都能成为钢轨旁的“星光”，用知识与行动，点亮中国铁路的未来征程。未来的中国铁路，充满温暖和希望！

本书编委会

2025年4月

目 录

1

2

3

居庸关隧道

1 铁路知识

中国铁路发展历程

1 中国第一条营运铁路——吴淞铁路

从上海到吴淞，全长 14.5 公里，是中国第一条营业性质的铁路。1876 年英商擅筑，次年清政府赎回拆毁。1896 年盛宣怀受命督办铁路总公司重筑。

▲1876 年 7 月 3 日吴淞铁路举行通车典礼

▼“龙号”机车

2 中国自建的第一条货运铁路——唐胥铁路

当时为了解决开平矿务公司的煤炭运输而修筑从唐山到胥各庄（隶属于今河北省唐山市丰南区）的铁路。于 1881 年竣工通车，全长 9.7 公里，采用了国际通用 1435 毫米标准轨距。中国第一台蒸汽机车由中国工人根据设计图纸自己动手制造，并于唐胥铁路成功运营。因工人们在机车头两侧装饰了龙形图案，这台蒸汽机车又被叫作“龙号”机车。

3 中国第一条自主修建的铁路——京张铁路

京张铁路是中国人自行设计和建造的第一条干线铁路，由中国工程师詹天佑负责设计和修建，在中国铁路历史进程中具有重要地位和意义。“人”字形设计在中国铁路建设的历史上写下了不可磨灭的篇章。詹天佑在铁路线路标志设计中采用了中国传统数字符号——苏州码子，这一设计充分体现了京张铁路的中国血统。

▲八达岭隧道竣工时的合影

人物介绍

詹天佑（1861—1919），祖籍安徽省徽州府婺源县（现江西省婺源县），生于广东省广州府南海县（现广东省广州市荔湾区）。

詹天佑自幼酷爱学习，1872年，考取了第一批幼童赴美留学班，在美国中学读书时，发奋学习自然科学。1878年考入美国耶鲁大学，学习土木工程和铁路专业，毕业成绩优异，1881年回国。詹天佑是我国近代科学技术界的先驱，杰出的工程技术专家，被誉为“中国铁路之父”。

4 “新中国第一路”——成渝铁路

连接成都与重庆，由中国人自行设计施工、完全采用国产材料修建，堪称中国铁路史上的一个创举。线路呈东西走向，为中国西南地区的干线铁路之一，也是新中国成立后建成的第一条铁路。1950年，筑路大军高举“开路先锋”大旗，力排万难，仅用两年时间让成渝铁路建成通车，开创了新中国铁路建设史上的新时期。

5 中国重载第一路——大秦铁路

全长653公里的大秦铁路，西起山西省大同市，东至河北省秦皇岛市，是国铁I级货运专线铁路，是中国第一条双线电气化重载铁路、首条煤运通道干线铁路，是“西煤东运”的重要能源通道。于1983年开始勘察设计，1985年动工建设，1992年全线竣工运营。

▼万吨级重载列车奔驰在大秦线上

6 中国第一条电气化铁路——宝成铁路

宝成铁路北起陕西省宝鸡市，向南穿越秦岭到达四川省成都市，全长 669 公里。为了爬升 680 米通过秦岭隧道，宝成铁路采用 30‰的高坡，工程艰巨复杂，工程数量巨大。1952 年 7 月动工修建，1956 年 7 月建成通车，1958 年 6 月开始进行电气化改造，1975 年在全国铁路中首先实现电气化。

▲宝成铁路广元至略阳的第一列火车

7 世界海拔最高的铁路——青藏铁路

世界上海拔最高、线路里程最长（1956 公里）的高原铁路，是人类铁路建设史上前所未有的壮举。青藏铁路穿越“世界屋脊”青藏高原，线路高程大多在 3000 米以上，最高点为海拔 5072 米的唐古拉山垭口。青藏铁路的建设者们克服了高寒缺氧、多年冻土、环境保护三大世界性难题，开创了“挑战极限、勇创一流”的青藏铁路精神。

▲青藏铁路

8 江西省境内的第一条客运铁路——南浔铁路

1907 年 1 月开工后，曾几度停工。经历 9 年的艰难建设，南浔铁路于 1916 年全线开通运营，连接九江与南昌。九江，简称“浔”，故称南浔铁路。正线总长 128 公里，共设九江、沙河、黄老门、马回岭、德安、永修、涂家埠、新祺周、乐化、牛行 10 个车站。从建成到新中国成立前，南浔铁路历尽苦难，数次被拆毁、修复、重建，于 1949 年 8 月 23 日再次修复通车。

▲马回岭站

1958 年 10 月 1 日，全长 1226 米、公铁两用的南昌赣江大桥开工建设，1963 年 1 月开通运营，南浔铁路结束因一水之隔单独一线的局面，与全国铁路网联运。

1993 年，南浔铁路复线建设纳入京九铁路工程，新建的南昌站、九江站成为城市全新的地标。

1996 年 9 月 1 日，我国铁路建设史上规模最大、投资最多，一次建成里程最长的京九铁路全线竣工通车，南浔铁路融入京九铁路之中，以全新的姿态走入人们视野。

▲南昌赣江大桥

福建省第一条干线铁路——鹰厦铁路

1955 年 2 月，铁道兵 8 个师开进赣闽武夷山，开始修建鹰厦铁路，连接江西省鹰潭市和福建省厦门市，是中国东南沿海重要的铁路干线，福建省第一条干线铁路、第一条出省铁路通道。

1956 年 11 月，宽 19 米、总长 5032 米的厦门海堤建成，成为当时世界上第一座公铁两用跨海海堤。

鹰厦铁路的建设者写下了“移山填海”的人间神话，在闽赣交界的武夷山脉与戴云山脉中硬生生劈出一条铁路，创造了我国铁路建设史上的许多奇迹。1957 年 4 月，鹰厦铁路提前一年全线通车。

▲鹰厦铁路修建时开山的场面（AI 制作）

随着全国铁路电气化改造如火如荼地展开，“改造鹰厦线、实现电气化”被确定为国家“七五”期间的重点建设项目。经过长达 7 年零 4 个月的艰苦奋战，鹰厦铁路于 1993 年 12 月完成电气化改造，成为华东第一条电气化铁路。

— 小知识 —

正线是指在交通运输中连接车站，并贯穿或直股伸入车站的铁路线路。分为站内正线、区间正线，连接车站的部分为区间正线，贯穿或直股伸入车站的部分为站内正线。

双线铁路，又称复线铁路，是指一定里程区间范围内有两条正线的铁路，分设了上行线和下行线，方向相反的列车在不同轨道上行驶。

铁路常识

人们的生活离不开“行”，这一需求贯穿了人类文明的整个发展历程，并随着技术进步不断重塑社会形态。如今，我国铁路网越织越密，“八纵八横”高速铁路网主通道已基本建成。铁路如同大地的掌纹，深深镌刻在人们生活的各个角落。

铁路是一个综合性的庞大运输系统，为了完成客、货运输任务，必须拥有各种设备，主要包括铁路线路及沿线的各类车站、机车及各种类型的车辆、铁路信号及通信设备。

2024 年 12 月 29 日，CR450 动车组样车在北京发布，世界最快高铁列车亮相，成为我国科技创新和高端装备制造实力的综合展现。

▼江西婺源合福线铁路桥

铁路线路由三大部分组成：路基、桥隧建筑物和轨道。最常见的两种路基形式是路堤和路堑。桥隧建筑物主要包括桥梁、涵洞和隧道。轨道由钢轨、轨枕、道床、联结零件、防爬设备及道岔六个主要部分组成。

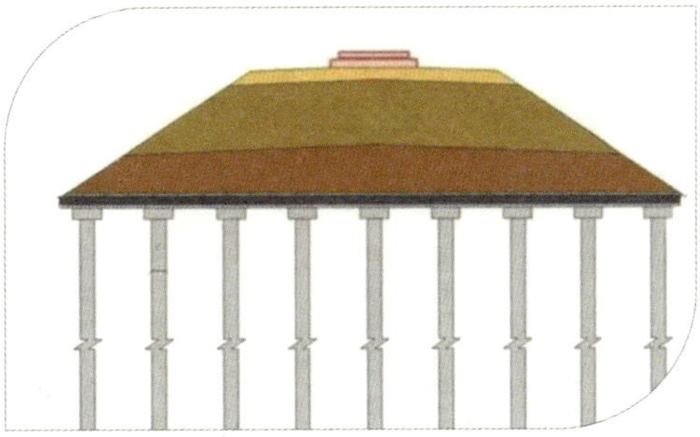

▲路基

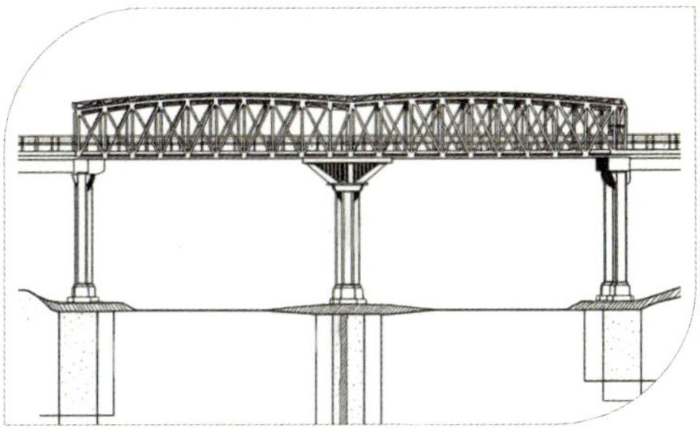

▲桥梁

▲隧道

▲轨道

知识链接
ZHISHI LIANJIE

复兴号动车组

1. CR200J 型复兴号动车组最高运营时速 160 公里。

2. CR300AF 型复兴号动车组最高运营时速 250 公里。

3. CR300BF 型复兴号动车组最高运营时速 250 公里。

4. CR400AF 型复兴号动车组最高运营时速 350 公里。

5. CR400BF 型复兴号动车组最高运营时速 350 公里。

铁路信号设备包括铁路信号、车站联锁、区间闭塞等设备，是组织指挥列车运行、保证列车安全、提高运输效率、传递信息的关键设备。其中，铁路信号是指示行车和调车运行条件的命令，行车和调车人员必须执行才能确保安全。

铁路信号分为听觉信号和视觉信号两大类。视觉信号是以物体或灯光的颜色、形状等特征表示的信号。

我国规定有红、黄、绿三种基本颜色的铁路信号灯，代表意义如下：红色表示停车；黄色表示注意或减速行驶；绿色表示按规定速度行驶。

铁路信号灯犹如铁路安全与效率的“神经中枢”

▲矮柱信号灯（AI 制作）

赣闽铁路变迁

回溯百年，铁路发展的长线在历史的水面垂钓起一串串精彩的故事，也从时光深处勾勒出一个个有着悠久历史的往事。江西首条铁路——株萍铁路，已经消失的漳厦铁路，历尽苦难的南浔铁路……

自 1916 年南浔铁路汽笛初鸣，江西的山水便与钢轨交织；抗战烽火中，浙赣铁路成为物资命脉；鹰厦铁路的通车，终结了福建“无铁路出省”的历史。在赣闽的崇山峻岭、河川峡谷之中，开山劈海、水陆通达已不再是梦想。

千里陇原，大道通衢。铁路有力带动了沿线经济增长和相关产业结构优化升级，推动了区域、城乡协调发展和生态文明建设。走过百年，赣闽铁路从“穿山越岭步履艰”到“高铁纵横半日还”，将继续书写山海协作的新篇章。

▲安源煤矿——江西首条铁路株萍铁路的起点（AI 制作）

▲浙赣线 0 公里标（AI 制作）

隧 道

京九铁路：岐岭隧道

鹰厦铁路：华丰隧道

杭深铁路：大顶山隧道

桥 梁

京九铁路：九江长江大桥

赣龙铁路：吊钟岩特大桥

福平铁路：平潭海峡公铁大桥

车 站

火车站是城市的地标、名片，见证了一座城市的发展历程。

▲20 世纪 30 年代的南昌南火车站

▼ 南昌站西广场改造完工

南昌站

1935 年 2 月 14 日，伴随着浙赣铁路的建设，南昌站开始建设。

1959 年南昌站首次扩建，在原站房上加高一层，增建天桥一座。

1996 年，京九铁路建成通车，南昌站旧貌换新颜。

2007 年 1 月，南昌站西广场改造完工，西广场站前建造了车站地标——“世界球”。

2015 年 3 月，为充分满足人民对美好生活的向往和出行需求，南昌站正式启动新建东站房的改造工程。东站房于 2016 年正式启用。

2017 年 1 月，全新的南昌站高架候车室投入使用。

福州站

福州站地处美丽的榕城福州，始建于1958年，经外福线、鹰厦铁路连接全国各地交通要道。

2002年11月福州站旧站房爆破拆除，在原址重建，2004年4月新站房建成投用。2011年9月，福州站北站房启动改扩建工程，2014年1月新建北站房高架候车厅投入使用。2015年1月北站房、北广场全部启用。

福州站拥有独特的通透式“伞形”结构，站房顶部采用流线型波浪曲面，具有帆影和船队的意象，呼应了福州特有的海洋和交通气息。

上饶站

上饶站始建于1935年，经过1953年、1998年两次原址重建，2006年搬迁到现址，2014年新站房落成运营，历经了“五生五世”。

2014年10月，沪昆高铁江西段开通，上饶站第五代站房启用，上饶正式迈入了高铁时代。启用后，上饶站总建筑面积达9600平方米，可同时容纳6500人候车。构建的“2小时生活圈”覆盖了杭州、福州、南昌、合肥等省会城市，不仅方便了当地人民出行，更为上饶带来了源源不断的游客，推动了旅游经济的发展。

九江站

九江站始建于1907年，1916年随着南浔铁路全线的竣工通车正式启用。

1993年，南浔铁路复线建设纳入京九铁路工程，九江站移址重建。

1996年9月1日，京九铁路竣工通车，九江站以新的面貌出现在旅客面前。

2022年，九江站进行全面升级改造。2022年9月29日，新的九江站正式启用，现如今是京九铁路、武九客专、衢九铁路、昌九城际4条铁路线路汇聚的段管一等客运车站，是赣北地区的铁路北大门。

厦门北站

厦门北站位于厦门市集美区，是国家高速铁路网规划中沿海通道上的重要客运站之一（等级为一等站），也是一座集铁路、城市道路、长途汽车、轨道交通换乘、商业服务功能于一体的大型交通枢纽。

原厦门北站设在厦门市湖里区高崎，于1958年8月建站，初名高崎站，为鹰厦铁路上的一座车站。1982年5月更名为厦门北站。新厦门北站于2007年9月开工建设。2010年4月26日，新厦门北站正式投入运营。2017年9月30日，厦门北站新建甬广场开工建设。2023年9月28日，厦门北站甬广场投入运营。

▲改造前的庐山站

▲改造后的庐山站

庐山站

庐山站始建于1908年5月，最早名为沙河街站，1911年5月投入使用，1989年3月更名为九江南站，1996年9月更名为庐山站。

庐山站于2020年9月全面启动站房改扩建工程，其中西站房已于2022年4月28日正式开通运营，2024年12月东站房、西站房全面联通，标志着庐山站扩建改造工程正式完工。

庐山站坚持“大美匡庐笑迎八方客、情系高铁助力大众行”的理念，持续提高服务品质，倾情打造“匡庐情”服务台，为旅客提供旅游咨询、景点导览等各项服务。

2 安全知识

铁路线路安全保护区

铁路线路两侧应当设立铁路线路安全保护区。铁路线路安全保护区的范围，从铁路线路路堤坡脚、路堑坡顶或者铁路桥梁（含铁路、道路两用桥）外侧起向外的距离分别为：

高速铁路

城市市区	10 米
城市郊区居民居住区	12 米
村镇居民居住区	15 米
其他地区	20 米

其他铁路

城市市区	8 米
城市郊区居民居住区	10 米
村镇居民居住区	12 米
其他地区	15 米

— 小知识 —

时速 250 公里的高铁列车每秒约可以行进 69 米，是正常走路速度的 50 倍。火车经过时，会掀起 8 ~ 10 级大风，行人在铁路边 2 ~ 3 米的范围内可能被风吹倒吸入车轮。根据已通车的高速铁路有关数据，在线路上行走、跨越铁路时发生人身伤亡事故的概率非常高。

禁止在铁路线路安全保护区内燃放烟花、爆竹

禁止在铁路线路安全保护区内烧荒、焚烧草木、垃圾、祭品等

在高速铁路电力线路导线两侧各一百米的范围内、普通铁路电力线路导线两侧各五十米的范围内，禁止无人机等低空、慢速、小型航空器飞行

禁止在铁路线路安全保护区内种植影响铁路线路安全和行车瞭望的树木等植物

禁止击打列车

禁止在铁路线路安全保护区内排污、倾倒垃圾、渣土及其他危害铁路安全的物质

禁止在铁路线路安全保护区内放养牲畜

禁止未经铁路运输企业允许在铁路线路安全保护区内建造建筑物、构筑物等设施

铁路危险区域

铁路危险区域包括弯道、桥梁、隧道、站场等。因视线被山丘、建筑物或树木等遮挡，行人难以察觉列车，司机也难以发现轨道上的行人，易引发相撞事故。

不得擅自在铁路桥梁跨越处河道上下游各一千米范围内围垦造田
禁止

不得擅自在铁路桥梁跨越处河道上下游各一千米范围内拦河筑坝
禁止

不得擅自在铁路桥梁跨越处河道上下游各一千米范围内架设浮桥或者修建其他影响铁路桥梁安全的设施

不得在铁路桥梁跨越处河道上下游禁止采砂、淘金的范围内采砂、淘金

电气化铁路安全常识

电气化铁路接触网带有 27.5 千伏高压电，为了防止触电伤亡事故发生，确保铁路运输安全和广大人民群众的生命财产安全，要求群众必须严格遵守国家铁路安全法规和电气化铁路安全规定，不得损坏铁路设施设备和铁路标志，不得自行从接触网上接电，不得在铁路桥梁和隧道两端的平台上玩耍、逗留，不得向接触网倒水和乱扔杂物，不得攀登机车车辆顶部或翻越车顶通过线路，不得高举工具通过接触网，不得用竹竿、棍棒、铁线等非绝缘物件穿捅安全栅网。

不得损坏铁路设施设备和铁路标志
禁止

禁止
严禁自行从接触网上接电，亦不能私拉民用电线横越铁路上空

禁止在铁路线路上放置、遗弃障碍物
禁止

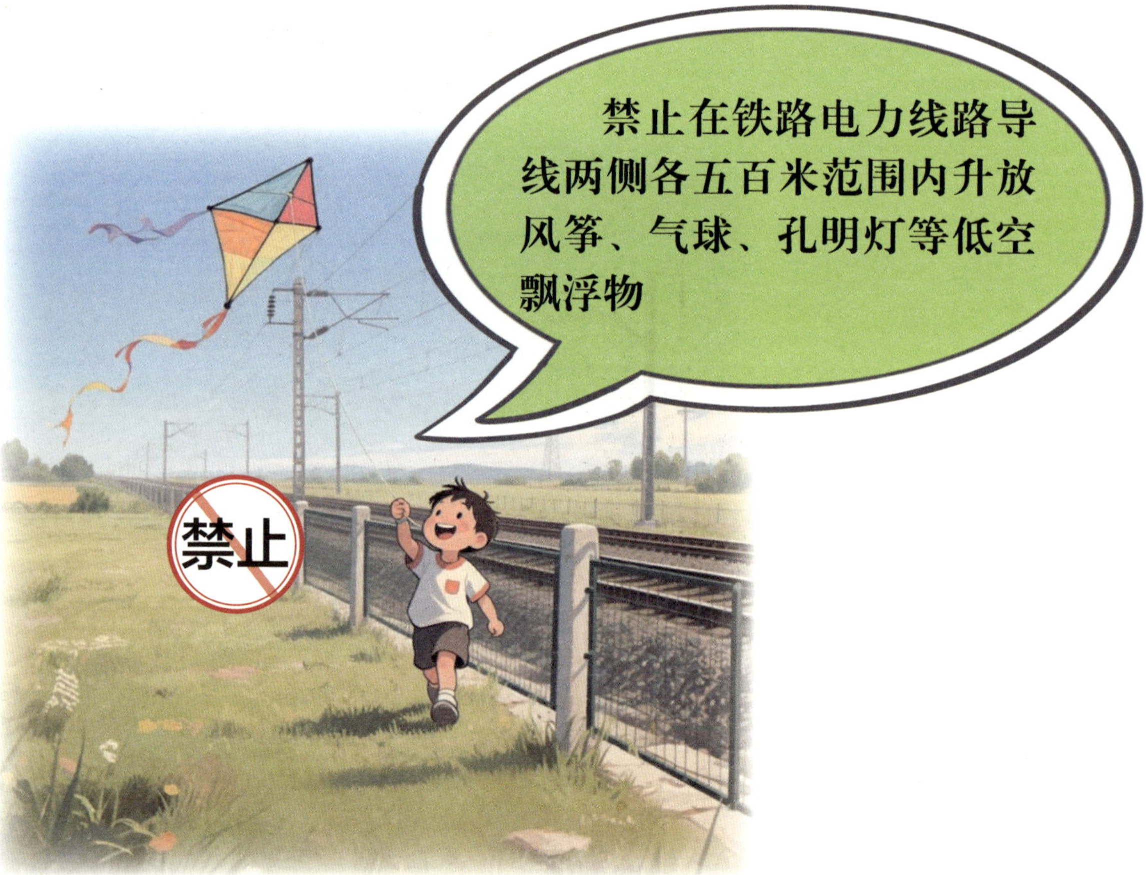
禁止在铁路电力线路导线两侧各五百米范围内升放风筝、气球、孔明灯等低空飘浮物
禁止

不准向列车外倒水和乱扔杂物
禁止

不得在电气化铁路附近水域垂钓
禁止

不准登上机车车辆顶部
禁止

不准高举工具通过接触网
禁止

文明出行

站台上不安全因素较多，如果不遵守铁路规定嬉戏与奔跑，很容易发生车辆伤害、触电伤害、跌落股道伤害等人身伤害事件。

列车与站台之间存在缝隙，上下车时须注意脚下

避免大声喧哗、哭闹，不伸脚到过道

火车上不脱鞋晾脚、不踢踹前排座椅、不占用他人座位

不在车厢桌板或车窗上涂画

不乱扔垃圾、不随地吐痰

禁止携带但可以托运物品

日用刀具

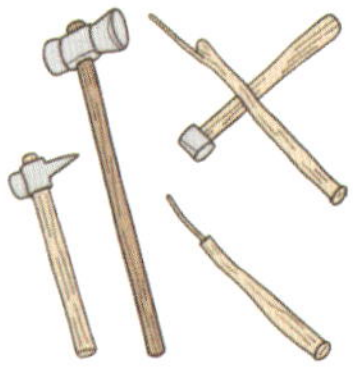

棍棒等钝器

工具农具

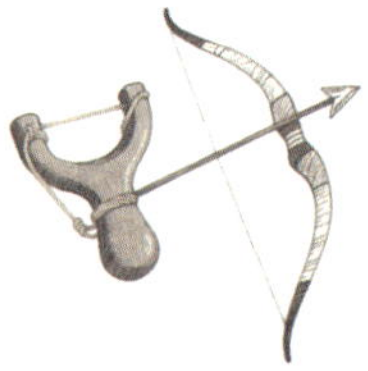

弹弓等

小型宠物

限制携带物品

气味较大食物

酒类

自喷压力容器

火柴香烟等

自行车

— 小知识 —

严禁在铁路上放置障碍物，根据科学实验，当列车运行时速超过127公里时，任何外力的作用都会使列车的向心力参数发生变化。在同等作用下，速度越快，向心力变化越大。因此，禁止在轨面上放置任何东西，否则可能会造成列车脱轨、颠覆等严重后果。

严禁向高铁列车抛扔东西。根据试验，高铁列车高速运行时，500克物品撞击会产生500千克以上的冲击力，因此与飞机一样，任何物体的撞击都会构成安全威胁。向列车抛掷石头、砖块、垃圾等会对他人生命构成巨大威胁，是极不负责的危险行为。

爱路护路“三字经”

新铁路，电气化，高压线，很危险，
电压高，二万七，雷雨天，更如虎，
新铁路，速度快，每一秒，一百米，
火车来，起旋风，要安全，走涵洞，
新铁路，有点怪，铁栅栏，隔离带，
放风筝，千米外，栅栏边，也少来，
新铁路，真是怪，声音渺，近才晓，
动车组，似闪电，心中弦，要牢记，
新铁路，也不怪，新知识，掌握好，
守法规，共宣传，平安路，齐守护。

护路安全“九不”

一、不翻越、移动、损毁铁路线路两侧防护围墙、栅栏或其他防护设施和标桩。
二、不在铁路线路上行走、坐卧和玩耍。
三、不在铁路线路上放置障碍物，不击打列车或向铁路抛掷物品。
四、不在铁路线路安全保护区内放养牲畜。
五、不在铁路附近烧荒用火、挖沙取土、打井取水。
六、不在铁路附近放风筝、气球、无人机、孔明灯等。
七、不非法拦截列车、阻断铁路运输。
八、不扰乱铁路运输指挥调度机构及车站、列车的正常秩序。
九、不盗窃、损坏、移动铁路设施设备。

3 案例

攀爬车辆、钻车类案例

案例一概况

2015年，某线中间站4道，一名男子攀爬到达停车中的棚车车顶，被接触网电击后，坠落死亡。

安全提示

铁路上方接触网输送的是高压电，最高工作电压为27.5千伏。当攀爬机车车辆时，人体侵入高压电的放电范围，极易引起高压线路向人体进行弧光放电，导致人员被电击，造成大面积烧伤甚至死亡。

案例二概况

2017年，某车站铁路派出所接到镇路地联防办关于在该镇火车站南端发现一具尸体的电话。火车站值班站长会同铁路派出所有关人员赶到现场后，发现3道南端有一女性被拦腰碾压在钢轨上，已死亡。经调查确认，死者是从家去县城奔丧途中，由火车站南端的一处非法通道进入站内，横越铁路抄近道，钻入停留在火车站3道的列车车底，被起动后的列车碾压致死。

停留的车辆会因为停车时间结束，或者调动车辆变动位置的需要，随时可能发生移动，而车辆底部空间狭小，人员一旦钻爬入内后，移动困难，遇车辆移动极易被碰撞碾轧，造成伤亡。

高举钓竿、在铁路附近水域垂钓类案例

案例概况

2019 年，某联络线一区间，一名男子高举钓鱼竿穿越铁路，因钓鱼竿触碰接触网触电。

● 你知道吗？●

高铁线路中的电力接触网的交流电压达到 27.5 千伏，比人体能够承受的 36 伏安全电压高出 700 多倍，是 220 伏生活用电电压的 125 倍。

为保证人身安全，任何物件与牵引供电设备带电部分的距离不得小于 2 米。

铁路线路上方有牵引供电设备——接触网，接触网各导线及其相连接的部件。牵引供电设备应保证不间断行车的可靠供电，存在强大的电磁场。当你还未真正接触到电线，人身伤害可能已经发生，轻则被高压电击伤，造成全身大面积烧伤；重则危及生命。

在电气化铁路附近的水域垂钓存在极高的风险。甩竿的时候稍不留神就可能接触到高压电设备，特别是竿上还有水，很容易将电传导到人体，造成触电。

在沿线逗留、行走遇险类案例

案例概况

2016 年，两名中学生在一处铁路弯道后的线路上玩手机，快速通过此处的列车虽然立即采取了紧急停车措施，但惯性运行仍然发生相撞，两人抢救无效死亡。

不得在铁路线路上行走、逗留！尽管部分时段未看见铁路线路上有列车行驶，但是列车行驶速度其实非常快，普速列车时速一般在 100 公里以上，高速列车时速一般在 200 公里以上。当眼睛能看到列车时，其实际距离已逼近至不足有效避让范围。目前人类百米跑的世界纪录是 9 秒 58，而按普速列车的速度百米用时才 3 秒多，这说明人根本没有时间在看到列车后迅速转移至安全地带避车。司机发现前方有人时采取紧急停车措施后还需要很长的制动距离才能停车，极难避免相撞事故的发生。再加之，人在线路上逗留，只能观察到一个方向，列车的行驶速度快、声音小，若列车是从另一方向开来，可能还没有反应过来，悲剧已经发生。

横越铁路线路、抢越道口类案例

案例概况

2019 年，某煤电公司的煤矿专用铁路调车车列，运行到车站区间道口处，与一辆抢越道口的电动三轮车相撞，中断行车 5 小时 28 分钟。事故造成 4 人当场死亡，1 人受伤。

通过有人看守铁路道口时，遇有栏杆放下、警报器鸣响或道口看守人员示意火车即将通过时，所有车辆、行人应依次在停止线以外等候；没有停止线的，应在最外股钢轨外侧 5 米以外等候。

通过无人看守铁路道口时，所有车辆、行人必须停止或止步瞭望，切记“一停、二看、三通过”，确认没有列车开来才能通过。

轻飘物挂网类案例

案例一概况

2016 年，某城际铁路栅栏外一座民房屋顶的彩钢瓦被大风卷起，搭挂在铁路供电接触网上，造成接触网承力索烧损，中断行车 2 小时 16 分钟。

案例二概况

2019 年，某城际线列车司机汇报：一中间站接触网挂有异物，影响上行电力机车运行。铁路供电部门检查确认该处接触网上挂有一块绿色防尘网（宽 5 米 × 长 15 米），申请停电处理。影响客车 4 列在不同站停车。经调查发现是铁路线路外侧 20 米处，地方房屋拆迁后覆盖泥土的防尘网未采取有效、牢靠的加固措施，被大风吹至接触网上。

道岔等铁路设施被破坏类案例

案例概况

2020 年，某线一车站 35 号道岔被人为破坏，致使道岔处于“四开”状态，造成机车前进方向第一轮对脱轨。构成铁路交通一般 D2 类事故。

主要原因

涉事人杨某（男，10 岁，小学生）取走该站 35 号道岔插销的通用挂锁，将插销拔出后抬起挪动握柄，致使道岔处于“四开”状态，造成机车第一轮对脱轨。

问题分析

一是涉事人违反《铁路安全管理条例》第七十七条规定的拆盗、损毁或者擅自移动铁路设施设备。二是监护人没有有效履行监护责任。三是学校铁路安全知识宣传成效不明显。

攀爬、翻越防护栅栏类案例

案例一概况

2022 年，某高铁上行线一处防护栅栏内有两名男孩，影响 5 列动车组限速运行。

主要原因

涉事人傅某（男，15 岁，中学生）、曾某（男，15 岁，中学生）破坏高铁下行线一处防护栅栏上部刺丝滚笼，攀爬防护栅栏网进入高铁封闭区域。

问题分析

一是涉事人违反《铁路安全管理条例》七十七条规定，毁坏防护栅栏刺丝滚笼进入铁路线路封闭区域。二是监护人没有有效履行监护责任。三是学校铁路安全知识宣传成效不明显。

- 相关法条 -

《铁路安全管理条例》

第七十七条 禁止实施下列危害铁路安全的行为：

（一）非法拦截列车、阻断铁路运输；

（二）扰乱铁路运输指挥调度机构以及车站、列车的正常秩序；

（三）在铁路线路上放置、遗弃障碍物；

（四）击打列车；

（五）擅自移动铁路线路上的机车车辆，或者擅自开启列车车门、违规操纵列车紧急制动设备；

（六）拆盗、损毁或者擅自移动铁路设施设备、机车车辆配件、标桩、防护设施和安全标志；

（七）在铁路线路上行走、坐卧或者在未设道口、人行过道的铁路线路上通过；

（八）擅自进入铁路线路封闭区域或者在未设置行人通道的铁路桥梁、隧道通行；

（九）擅自开启、关闭列车的货车阀、盖或者破坏施封状态；

（十）擅自开启列车中的集装箱箱门，破坏箱体、阀、盖或者施封状态；

（十一）擅自松动、拆解、移动列车中的货物装载加固材料、装置和设备；

（十二）钻车、扒车、跳车；

（十三）从列车上抛扔杂物；

（十四）在动车组列车上吸烟或者在其他列车的禁烟区域吸烟；

（十五）强行登乘或者以拒绝下车等方式强占列车；

（十六）冲击、堵塞、占用进出站通道或者候车区、站台。

案例二概况

2022年，一列动车组列车运行过程中，司机发现防护栅栏内有一名闲杂人员。

主要原因

涉事人卞某破坏刺丝滚笼并翻越防护栅栏进入铁路线路封闭区域。

问题分析

一是涉事人违反《铁路安全管理条例》第五十一条规定毁坏铁路线路封闭设施，且违反《铁路安全管理条例》第七十七条规定擅自进入铁路线路封闭区域。二是该涉事人14岁且患有智力障碍，监护人及地方有关部门对重点人员疏于管控。

- 相关法条 -

《铁路安全管理条例》

第五十一条 禁止毁坏铁路线路、站台等设施设备和铁路路基、护坡、排水沟、防护林木、护坡草坪、铁路线路封闭网及其他铁路防护设施。

在铁路线路上放置、遗弃障碍物类案例

案例一概况

2023 年，一趟货物列车运行过程中剐碰摆放在钢轨轨面上的石砟停车，造成该列车在区间停车 9 分钟。

主要原因

涉事人李某（男，8 岁，小学生）、廖某（男，7 岁，小学生）违法在钢轨上摆放石砟。

问题分析

一是涉事人违反《铁路安全管理条例》第七十七条规定在线路上放置障碍物。二是监护人没有有效履行监护责任。三是学校铁路安全知识宣传成效不明显。

案例二概况

2024 年，某列车运行过程中，司机发现右股钢轨上有一排石子而停车。

主要原因

涉事人吴某（男，11 岁，小学生）、魏某（男，12 岁，小学生）、为某（男，6 岁，小学生）违法在钢轨上摆放石砟。

问题分析

一是涉事人违反《铁路安全管理条例》第七十七条规定在线路上放置障碍物。二是监护人没有有效履行监护责任。三是学校铁路安全知识宣传成效不明显。

案例三概况

2024 年，一趟动车组列车运行过程中剐碰摆放在钢轨上的两块石砟，造成该动车组列车区间停车 26 分钟。

主要原因

涉事人吴某（男，13 岁，中学生）破坏排水沟钢筋网后，违法在钢轨上摆放石砟。

问题分析

一是涉事人违反《铁路安全管理条例》第七十七条的规定破坏排水沟钢筋网进入铁路线路封闭区域，并在线路上放置障碍物。二是监护人没有有效履行监护责任。三是学校铁路安全知识宣传成效不明显。

- 相关法律法规 -

《中华人民共和国铁路法》

《中华人民共和国铁路法》是为了保障铁路运输和铁路建设的顺利进行，适应社会主义现代化建设和人民生活的需要而制定的法律。于1990年9月7日通过，历经2009年8月27日和2015年4月24日两次修正，是我国铁路领域的基础性法律。

《中华人民共和国铁路法》共分为总则、铁路运输营业、铁路建设、铁路安全与保护、法律责任等章节。主要内容包括铁路的定义和分类、铁路运输企业的职责和义务、公民的义务、地方政府的协助义务等。

《铁路安全管理条例》

（2013年7月24日国务院第18次常务会议通过，2013年8月17日中华人民共和国国务院令第639号公布，自2014年1月1日起施行）

重点条款：

①禁止危害铁路安全行为（如击打列车、非法穿越线路）；

②铁路线路安全保护区划定与管理；

③高速铁路特殊保护措施（如全封闭管理）。

《铁路交通事故应急救援和调查处理条例》

（2007年7月11日中华人民共和国国务院令第501号公布根据2012年11月9日《国务院关于修改和废止部分行政法规的决定》修订）

该条例规定了事故分级、应急响应流程及赔偿标准（如旅客人身伤亡赔偿限额）。

《江西省铁路安全管理条例》（2021年11月19日江西省第十三届人民代表大会常务委员会第三十四次会议通过，自2022年1月1日起施行）

《福建省铁路安全管理条例》（2021年12月15日福建省第十三届人民代表大会常务委员会第三十次会议通过，自2022年1月1日起施行）

地方铁路安全管理条例立足地方实际，结合赣闽铁路特点（如山区铁路多、高铁网络密集），树立人民至上、生命至上的原则，坚持安全第一、预防为主、综合治理的方针，为两省铁路安全运行提供了坚实的法治保障。

4 安全标志

无人看守铁路道口

有人看守铁路道口

铁路道口分为：有人看守铁路道口、无人看守铁路道口。

通过有人看守铁路道口时，遇有栏杆放下、警报器鸣响或道口看守人员示意火车即将通过时，所有车辆、行人应依次在停止线以外等候；没有停止线的，应在最外股钢轨外侧 5 米以外等候。

通过无人看守铁路道口时，所有车辆、行人必须停止或止步瞭望，确认没有列车开来才能通过。

禁止攀爬

禁止翻越

禁止横穿铁道

禁止翻越铁路封闭栅栏及刺丝滚网

当心触电

注意安全

当心坠落

当心滑倒

注意吊物

小心夹手

禁止通行

禁止倚靠

停车让行

禁止携带下列物品

枪支

弹药

警械

管制刀具

放射物品

易燃易爆

腐蚀品

利器

毒害品

易燃物

后　记

小手拉大手，护路一起走！

新中国成立以来，几代铁路人逢山开路、遇水架桥，建成了世界最大的高速铁路网，交通强国不再只是梦想。曾经无数的建设者为了这个梦想长眠于铁路沿线，如今无数的护路者为了守护这个梦想终生与铁路为伴。

几乎每个人都有关于铁路的记忆，爱路护路不仅是一份责任，更是对生命的尊重与守护。让我们从自身做起、从点滴做起，遵纪守法、文明出行，用行动传递守护的力量。让我们携手同行，以每一次自觉的守护、每一声善意的提醒，共同构筑铁路安全的铜墙铁壁，让“钢铁动脉”始终畅通无阻！